사자소학

따라쓰기

머리말

〈사자소학〉은 〈소학〉을 비롯하여 기타 여러 경전의 내용을 가르치는 책이에요.

〈소학〉이란 송나라의 유학자인 주희朱熹가 어린 제자들을 위해 예로부터 내려온 가르침을 엮은 책으로, 올바른 생활 지침서였지요. 하지만 책의 내용이 너무 길고 어려운 탓에 아이들이 익히기 어려워하자, 어린이가 알기 쉬운 내용들을 뽑아서 사자(四字 : 네 글자)로 엮어서 〈사자소학〉을 만들었답니다.

〈사자소학〉에는 우리가 반드시 배우고 지켜야 할 생활규범과 효도, 윤리와 도덕, 어른 공경 및 친구를 사귀는 법 등이 담겨 있어요. 태어나서부터 기본이 되는 부모 형제와의 관계, 부모님을 비롯한 어른 앞에서 갖추어야 할 행동과 마음가짐을 일러 주고 있습니다.

　본래 〈사자소학〉은 300여 개가 넘는 문장으로 이루어져 있어요. 이 책에서는 그중 꼭 알아 두어야 할 문장들을 추려서, 부모님을 대하는 '효행孝行' 편, 형제간의 우애를 이야기하는 '형제兄弟' 편, 스승과 어른에 대한 공경을 다루는 '사제師弟'와 '경장敬長' 편, 친구와의 관계에 대한 '붕우朋友' 편, 그리고 마지막으로 마음과 행실을 바르게 수양하는 방향을 일러 주는 '수신修身' 편으로 구성하였어요.

　또한 〈사자소학〉의 내용을 기본으로 엮으면서 비슷한 의미가 있는 속담이나 격언을 추가하여, 한 가지 의미를 다양한 문장으로 익힐 수 있도록 하였고, 붓펜 등을 이용해서 재미있게 따라 쓸 수 있도록 캘리그라피 따라 쓰기를 담았습니다. 부록으로 가로세로 사자소학 퍼즐을 만들어서 앞선 내용을 한 번 더 익히도록 하였습니다.

　〈사자소학〉은 한자漢字로 이루어진 문장이지만, 이 책을 통해 우리말로 따라 쓰며 의미를 이해하면, 실생활에 큰 도움이 될 거예요.

차례

1장 효행(孝行) 편

2장 형제(兄弟) 편

차례

3장 사제(師弟) 편 + 경장(敬長) 편

4장 붕우(朋友) 편

5장 수신(修身) 편

한자 필순·획순의 원칙

한자를 쓸 때 점이나 선을 한 획이라고 말합니다. 모든 한자가 이 원칙에 맞춰지는 것은 아니지만, 기본적으로 한자의 획을 써나가는 필순의 원칙을 알아둔다면 한자를 바르게 쓰는 데 도움이 됩니다.

1. 위에서 아래로 씁니다.

예) 三　ˉ　ˉ三　三

言　·　一　亠　言　言　言　言

2. 왼쪽에서 오른쪽으로 씁니다.

예) 川　丿　丿丨　川

外　丿　勹　夕　列　外

3. 좌우가 대칭될 때는 가운데를 먼저 쓰고 왼쪽, 오른쪽 순으로 씁니다.

예) 水　亅　亅　氺　水

小　亅　小　小

4. 가로획과 세로획이 만날 때는 가로획을 먼저 씁니다.

예) 土　一　十　土

十　一　十

5. 삐침 별(丿)과 파임 불(乀)이 만날 때는 삐침을 먼저 씁니다.

예) 人　丿　人

文　·　一　亠　文

6. 바깥쪽과 안쪽이 있을 때는 바깥쪽을 먼저 씁니다.

예) 同　丨　冂　冂　冋　同　同

病　·　一　广　疒　疒　疒　病　病

* 바깥쪽을 먼저 쓰지만 문은 마지막에 닫습니다.

예) 回 丶 冂 冂 冋 冋 回

國 丨 冂 冂 同 同 國 國 國 國

7. 가운데를 꿰뚫는 획은 마지막에 씁니다.

예) 中 丶 冂 口 中

東 一 冂 曰 車 車 東

8. 글자를 가로지르는 가로획은 마지막에 씁니다.

예) 女 く 女 女

母 乚 母 母 母

9. 삐침이 짧고 가로획이 길면 삐침을 먼저 씁니다.

예) 右 丿 ナ ナ 右 右

有 丿 ナ 才 右 有 有

10. 가로획이 짧고 삐침이 길면 가로획을 먼저 씁니다.

예) 左 一 ナ 左 左 左

友 一 ナ 方 友

11. 오른쪽 위에 찍는 점이나 안쪽에 찍는 점은 마지막에 씁니다.

예) 犬 一 ナ 大 犬

太 一 ナ 大 太

12. 책받침(辶)은 마지막에 씁니다.

예) 近 一 厂 斤 斤 近

建 フ フ ヨ ヨ ⺻ 聿 建

옥편 찾기

한자 사전, 옥편玉篇 또는 자전字典이라고 하지요. 요즘은 컴퓨터나 휴대폰을 이용해서 그림으로도 한자를 찾을 수 있기 때문에 종이로 된 사전을 볼 일이 많지 않아요. 하지만 한자로 된 글을 공부한다면 옥편 찾는 법 정도는 알아 두면 좋겠지요?

옥편 찾는 방법은 크게 세 가지 색인索引으로 나뉘어 있어요.

첫 번째, 부수部首를 이용해서 찾는다.

한자를 공부한다면 부수를 먼저 알아 두는 것이 좋아요. 부수 자체가 한자의 기본 글자이며, 부수를 통해 한자의 뜻을 짐작할 수 있게도 해 주지요. 부수는 丿(별), 亠(두)와 같이 혼자서는 쓰이지 않는 부수도 있고, 口(구), 龍(용)과 같이 혼자서도 음과 뜻이 있는 제부수도 있어요. 이와 같이 부수를 먼저 찾은 후 부수를 제외한 획순을 세어 찾으면 원하는 한자를 찾을 수 있습니다.

두 번째, 음音만 알고 있을 때 자음字音으로 찾는다.

한자에서 음音은 알고 있지만, 뜻을 모를 때가 많아요. 그럴 때는 가나다순으로 정리되어 있는 자음 색인을 통해 찾으면 됩니다.

세 번째, 총획總劃을 세어서 찾는다.

부수도 모르고, 음도 모를 때 찾는 방법이에요. 오로지 한자의 획수만 헤아려서 찾아야 하지요. 획수가 적을 때는 쉽게 찾을 수 있는 방법이지만, 획수가 많은 한자는 찾는 시간이 한참 걸리는 단점이 있어요.

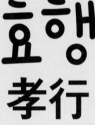

1장

효행
孝行

父 生 我 身
아버지 부 날 생 나 아 몸 신

母 鞠 吾 身
어머니 모 기를 국 나 오 몸 신

♥ 설명 아버지는 내 몸을 낳으시고 어머니는 내 몸을 기르셨다.

 한자 따라 쓰기

父	生	我	身		母	鞠	吾	身			

🐦 한글 의미 따라 쓰기

아	버	지	는		내		몸	을		낳	으
시	고		어	머	니	는		내		몸	을
기	르	셨	다	.							

같은 의미 따라 쓰기

나	를		낳	아		고	생	하	며		길
러		주	신		부	모	님	,		그		은
혜		보	답	하	려		하	나		길	이
없	도	다	.								

설명

조선 시대에 부모의 은혜가 한량없이 크고 깊음을 설하여 그 은혜에 보답할 것을 가르치는 불교 경전인 '부모은중경'에 나오는 구절입니다.

캘리그라피 따라 쓰기

부생아신
모국오신

부생아신
모국오신

부생아신
모국오신

부생아신
모국오신

腹 以 懷 我
배복　써이　품을회　나아

乳 以 哺 我
젖유　써이　먹일포　나아

♥ 설명 배로써 나를 품어 주시고 젖으로써 나를 먹여 주셨다.

한자 따라 쓰기

腹	以	懷	我		乳	以	哺	我	

한글 의미 따라 쓰기

	배	로	써		나	를		품	어		주	시
고		젖	으	로	써			나	를		먹	여
주	셨	다	.									

🐦 같은 의미 따라 쓰기

以 衣 溫 我   以 食 飽 我
써이 옷의 따뜻할온 나아   써이 밥식 먹일포 나아

옷	으	로	써		나	를		따	뜻	하	게	V
하	시	고		밥	으	로	써		나	를		배
부	르	게		하	셨	다	.					

🐦 캘리그라피 따라 쓰기

복이회아
유이포아

복이회아
유이포아

복이회아
유이포아

복이회아
유이포아

효행
孝行

恩 高 如 天
은혜은 높을고 같을여 하늘천

德 厚 似 地
덕덕 두터울후 같을사 땅지

 설명 은혜는 높기가 하늘과 같으시고 덕은 두텁기가 땅과 같으시다.

🐦 한자 따라 쓰기

恩	高	如	天		德	厚	似	地		

🐦 한글 의미 따라 쓰기

	은	혜	는		높	기	가		하	늘	과
같	으	시	고		덕	은		두	텁	기	가
땅	과		같	으	시	다	.				

같은 의미 따라 쓰기

	부	모	님	을		왕		위	에		오	르
게		한	다		해	도		그		은	혜	를 V
다		갚	을		수		없	다	.			

설명

불교를 창시한 인도의 성자 '석가'의 명언입니다. 부모님의 은혜는 아무리 최고의 자리를
드리고, 좋은 것을 해드려도 부족할 만큼 크다는 뜻이지요.

캘리그라피 따라 쓰기

은고여천
덕후사지

은고여천
덕후사지

은고여천
덕후사지

은고여천
덕후사지

爲 人 子 者
될위 사람인 아들자 사람자

曷 不 爲 孝
어찌갈 아니불 할위 효도효

♥ 설명 사람의 자식 된 자가 어찌 효도를 하지 않겠는가.

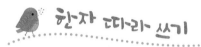 한자 따라 쓰기

爲	人	子	者		曷	不	爲	孝	

🐦 한글 의미 따라 쓰기

사	람	의		자	식		된		자	가
어	찌		효	도	를		하	지		않	겠	는
가	.									

🐦 같은 의미 따라 쓰기

欲	報	其	德	昊	天	罔	極
하고자할 욕	갚을 보	그 기	덕 덕	하늘 호	하늘 천	없을 망	다할 극

	그		은	덕	을		갚	고	자		하	면	V
하	늘	처	럼		다	함	이		없	다	.		

🐦 캘리그라피 따라 쓰기

위인자자
갈불위효

위인자자
갈불위효

위인자자
갈불위효

위인자자
갈불위효

효행
孝行

父 母 呼 我
아버지 부 어머니 모 부를 호 나 아

唯 而 趨 進
오직 유 말이을 이 달아날 추 나아갈 진

설명 부모님께서 나를 부르시거든 빨리 대답하고 달려 나가라.

한자 따라 쓰기

父	母	呼	我		唯	而	趨	進	

한글 의미 따라 쓰기

부	모	님	께	서		나	를		부	르	시
거	든		빨	리		대	답	하	고		달	려
나	가	라	.								

🐦 같은 의미 따라 쓰기

父	母	使	我		勿	逆	勿	怠
아버지 부	어머니 오	부릴 사	나 아		말 물	거스릴 역	말 물	게으를 태

부	모	님	께	서		나	를		부	리	시
거	든		거	스	르	지		말	고		게	을
리		하	지		마	라	.				

🐦 캘리그라피 따라 쓰기

부모호아
유이추진

부모호아
유이추진

부모호아
유이추진

부모호아
유이추진

효행 孝行

父 母 出 入
아버지 부 어머니 모 날 출 들 입

每 必 起 立
매양 매 반드시 필 일어날 기 설 립

♥ 설명 부모님께서 출입하시거든 항상 반드시 일어서라.

 한자 따라 쓰기

父	母	出	入		每	必	起	立	

🐦 한글 의미 따라 쓰기

	부	모	님	께	서		출	입	하	시	거	든	V
항	상		반	드	시		일	어	서	라	.		

🐦 **같은 의미 따라 쓰기**

出	必	告	之		反	必	面	之
날출	반드시필	고할고	갈지		돌아올반	반드시필	얼굴면	갈지

밖	에		나	갈		때	에	는		반	드
시		아	뢰	고		돌	아	오	면		반	드
시		뵈	어	라	.						

🐦 **캘리그라피 따라 쓰기**

부모출입
매필기립

侍 坐 父 母
모실 시　앉을 좌　아버지 부　어머니 모

勿 怒 責 人
말 물　성낼 노　꾸짖을 책　사람 인

설명 부모님을 모시고 앉아 있거든 성내어 다른 사람을 꾸짖지 마라.

한자 따라 쓰기

侍	坐	父	母		勿	怒	責	人		

한글 의미 따라 쓰기

부	모	님	을		모	시	고		앉	아
있	거	든		성	내	어		다	른		사	람
을		꾸	짖	지		마	라	.		

🐦 같은 의미 따라 쓰기

侍 坐 親 前　　　勿 踞 勿 臥
오실 시 앉을 좌 친할 친 앞 전　　말 물 걸터앉을 거 말 물 누울 와

부	모	님	을		앞	에		모	시	고
앉	아		있	거	든		걸	터	앉	지		말
며		눕	지		마	라	.			

🐦 캘리그라피 따라 쓰기

시좌부모
물눈책인

시좌부모
물눈책인

시좌부모
물눈책인

시좌부모
물눈책인

獻 物 父 母
드릴 헌　물건 물　아버지 부　어머니 모

跪 而 進 之
꿇어앉을 궤　말이을 이　갈 진　갈 지

💗 설명 부모님께 물건을 바치거든 꿇어앉아서 올려라.

🐦 한자 따라 쓰기

獻	物	父	母		跪	而	進	之		

🐦 한글 의미 따라 쓰기

부	모	님	께		물	건	을		바	치	거
든		꿇	어	앉	아	서		올	려	라	.

같은 의미 따라 쓰기

與 我 飲 食　跪 而 受 之
드릴 여　나 아　마실 음　밥 식　　꿇어앉을 궤　말이을 이　받을 수　갈 지

나	에	게		음	식	을		주	시	거	든	V
꿇	어	앉	아	서		받	아	라	.			

캘리그라피 따라 쓰기

헌물부모
궤이진지

헌물부모
궤이진지

헌물부모
궤이진지

헌물부모
궤이진지

器 有 飲 食
그릇 기　있을 유　마실 음　밥 식

不 與 勿 食
아니 불　줄 여　말 물　밥 식

 설명 그릇에 음식이 있어도 주시지 않으면 먹지 마라.

 한자 따라 쓰기

器	有	飲	食		不	與	勿	食		

🐦 한글 의미 따라 쓰기

그	릇	에		음	식	이		있	어	도	
주	시	지		않	으	면		먹	지		마	라	.

같은 의미 따라 쓰기

若 得 美 味   歸 獻 父 母

같을 약   얻을 득   아름다울 미   맛 미   돌아갈 귀   드릴 헌   아버지 부   어머니 오

만	약		맛	있	는		음	식	을		얻
으	면		돌	아	가		부	모	님	께	드
려	라	.									

캘리그라피 따라 쓰기

기유음식
불여물식

기유음식
불여물식

기유음식
불여물식

기유음식
불여물식

衣 服 雖 惡
옷의 옷복 비록수 악할악

與 之 必 著
줄여 갈지 반드시필 붙을착

♥ 설명 의복이 비록 나쁘더라도 주시면 반드시 입어라.

🐦 한자 따라 쓰기

衣	服	雖	惡		與	之	必	著			

🐦 한글 의미 따라 쓰기

의	복	이		비	록		나	쁘	더	라	도	V
주	시	면		반	드	시		입	어	라	.	

飲 食 雖 厭 　 與 之 必 食

마실 음　밥 식　비록 수　싫어할 염　　줄 여　갈 지　반드시 필　먹을 식

음식이 비록 먹기 싫더
라도 주시면 반드시 먹어
라.

의복수악
여지필착

의복수악
여지필착

의복수악
여지필착

의복수악
여지필착

효행
孝行

父 母 無 衣
아버지 부 어머니 모 없을 무 옷 의

勿 思 我 衣
말 물 생각 사 나 아 옷 의

설명 부모님이 입으실 옷이 없으면 내가 입을 옷을 생각지 마라.

 한자 따라 쓰기

父	母	無	衣		勿	思	我	衣		

한글 의미 따라 쓰기

	부	모	님	이		입	으	실		옷	이
없	으	면		내	가		입	을		옷	을
생	각	지		마	라	.					

🐦 같은 의미 따라 쓰기

父 母 無 食　　勿 思 我 食
아버지 부 어머니 모 없을 무 밥 식　　말 물 생각 사 나 아 밥 식

부	모	님	이		드	실		음	식	이	
없	거	든		내	가		먹	을		음	식	을 V
생	각	지		마	라	.					

🐦 캘리그라피 따라 쓰기

부모무의
물사아의

부모무의
물사아의

부모무의
물사아의

부모무의
물사아의

身 體 髮 膚
몸 신　　몸 체　　터럭 발　　살갗 부

勿 毁 勿 傷
말 물　　헐 훼　　말 물　　다칠 상

 설명 신체와 머리털과 피부를 훼손하지 말며 상하게 하지 마라.

 한자 따라 쓰기

身	體	髮	膚		勿	毁	勿	傷				

한글 의미 따라 쓰기

	신	체	와		머	리	털	과		피	부	를	V
훼	손	하	지		말	며		상	하	게		하	
지		마	라	.									

같은 의미 따라 쓰기

身 體 髮 膚 　 受 之 父 母
몸 신　몸 체　터럭 발　살갗 부　　받을 수　갈 지　아버지 부　어머니 오

	신	체	와		머	리	털	과		피	부	는	V
부	모	님	으	로	부	터		받	은		것	이	
다	.												

캘리그라피 따라 쓰기

신체발부
물훼물상

父 母 愛 之
아버지 부 어머니 모 사랑 애 어조사 지

喜 而 勿 忘
기쁠 희 말이을 이 말 물 잊을 망

♥ 설명 부모님께서 사랑해 주시거든 기뻐하며 잊지 마라.

 한자 따라 쓰기

父	母	愛	之		喜	而	勿	忘	

한글 의미 따라 쓰기

부	모	님	께	서		사	랑	해		주	시
거	든		기	뻐	하	며		잊	지		마	라	.

🐦 같은 의미 따라 쓰기

父 母 責 之　　反 省 勿 怨
아버지 부 어머니 오 꾸짖을 책 어조사 지　　돌이킬 반 살필 성 말 물 원망할 원

| 부 | 모 | 님 | 께 | 서 | | 꾸 | 짖 | 으 | 시 | 거 | 든 | V |
| 반 | 성 | 하 | 고 | | 원 | 망 | 하 | 지 | | 마 | 라 | . |

🐦 캘리그라피 따라 쓰기

부모애지
희이물망

부모애지
희이물망

부모애지
희이물망

부모애지
희이물망

효행
孝行

勿 登 高 樹
말 물　오를 등　높을 고　나무 수

父 母 憂 之
아버지 부　어머니 모　근심 우　갈 지

♥ 설명 높은 나무에 올라가지 마라. 부모님께서 근심하시느니라.

🐦 한자 따라 쓰기

勿	登	高	樹		父	母	憂	之		

🐦 한글 의미 따라 쓰기

높	은		나	무	에		올	라	가	지
마	라	.		부	모	님	께	서		근	심	하
시	느	니	라	.						

같은 의미 따라 쓰기

勿 泳 深 淵   父 母 念 之
말 물 헤엄칠 영 깊을 심 못 연   아버지 부 어머니 모 생각 염 갈 지

깊	은		연	못	에	서		헤	엄	치	지
마	라	.		부	모	님	께	서		염	려	하
시	느	니	라	.

캘리그라피 따라 쓰기

물듬고수
부모우지

물듬고수
부모우지

물듬고수
부모우지

물듬고수
부모우지

效행
孝行

事 必 稟 行
일 사 반드시 필 여쭐 품 다닐 행

無 敢 自 專
말 무 감히 감 스스로 자 오로지 전

♥ 설명 일은 반드시 여쭈어 행하고 감히 자기 멋대로 하지 마라.

 한자 따라 쓰기

事	必	稟	行		無	敢	自	專			

한글 의미 따라 쓰기

	일 은		반 드 시		여 쭈 어		행
하 고		감 히		자 기		멋 대 로	
하 지		마 라 .					

一	欺	父	母		其	罪	如	山
한일	속일기	아버지부	어머니모		그기	허물죄	같을여	산산

한		번	이	라	도		부	모	님	을
속	이	면		그		죄	가		산	과	같
다	.									

사필품행
무감자전

사필품행
무감자전

사필품행
무감자전

사필품행
무감자전

効행
孝行

我 身 能 賢
나아 몸신 능할능 어질현

譽 及 父 母
명예예 미칠급 아버지부 어머니모

설명 내 몸이 능히 어질면 명예가 부모님께 미치느니라.

 한자 따라 쓰기

我	身	能	賢		譽	及	父	母		

한글 의미 따라 쓰기

	내		몸	이		능	히		어	질	면
명	예	가		부	모	님	께		미	치	느	니
라	.										

같은 의미 따라 쓰기

我	身	不	賢	辱	及	父	母
나아	몸신	아니불	어질현	욕될욕	미칠급	아버지부	어머니모

	내		몸이		어질지		못하면V
욕이		부모님께			미치느니라		.

캘리그라피 따라 쓰기

아신느현
예급부모

아신느현
예급부모

아신느현
예급부모

아신느현
예급부모

事 親 如 此
일 사　어버이 친　같을 여　이 차

可 謂 孝 矣
옳을 가　이를 위　효도 효　어조사 의

설명 부모를 섬기는 것이 이와 같으면 효도한다고 이를 수 있다.

한자 따라 쓰기

事	親	如	此		可	謂	孝	矣		

한글 의미 따라 쓰기

	부	모	를		섬	기	는		것	이		이
와		같	으	면		효	도	한	다	고		이
를		수		있	다	.						

🐦 같은 의미 따라 쓰기

不	能	如	此		禽	獸	無	異
아니불	능할능	같을여	이차		새금	짐승수	없을무	다를이

능	히		이	와		같	이		하	지
못	하	면		금	수	와		다	름	이	없
느	니	라	.							

🐦 캘리그라피 따라 쓰기

사진여차
가위효의

사진여차
가위효의

사진여차
가위효의

사진여차
가위효의

부록 1. 가로세로 퍼즐로 복습해 볼까요?

1. 父生我身 母鞠吾身 (○○○○ 모국오신) : 아버지는 내 몸을 낳으시고 어머니는 내 몸을 기르셨다.

2. 以衣溫我 以食飽我 (○○○○ 이식포아) : 옷으로써 나를 따뜻하게 하시고 밥으로써 나를 배부르게 하셨다.

3. 身體髮膚 勿毀勿傷 (○○○○ 물훼물상) : 신체와 머리털과 피부를 훼손하지 말며 상하게 하지 마라.

4. 若得美味 歸獻父母 (약득미미 ○○○○) : 만약 맛있는 음식을 얻으면 돌아가 부모님께 드려라.

5. 器有飮食 不與勿食 (기유음식 ○○○○) : 그릇에 음식이 있어도 주시지 않으면 먹지 마라.

6. 獻物父母 跪而進之 (○○○○ 궤이진지) : 부모님께 물건을 바치거든 꿇어앉아서 올려라.

7. 我身能賢 譽及父母 (아신능현 ○○○○) : 내 몸이 능히 어질면 명예가 부모님께 미치느니라.

8. 欲報其德 昊天罔極 (○○○○ 호천망극) : 그 은덕을 갚고자 하면 하늘처럼 다함이 없다.

9. 恩高如天 德厚似地 (은고여천 ○○○○) : 은혜는 높기가 하늘과 같으시고 덕은 두텁기가 땅과 같으시다.

10_가로. 父母愛之 喜而勿忘 (○○○○ 희이물망) : 부모님께서 사랑해 주시거든 기뻐하며 잊지 마라.

10_세로. 父母使我 勿逆勿怠 (○○○○ 물역물태) : 부모님께서 나를 부리시거든 거스르지 말고 게을리 하지 마라.

11. 事必稟行 無敢自專 (○○○○ 무감자전) : 일은 반드시 여쭈어 행하고 감히 자기 멋대로 하지 마라.

12. 出必告之 反必面之 (출필고지 ○○○○) : 밖에 나갈 때에는 반드시 아뢰고 돌아오면 반드시 뵈어라.

형제
兄弟

형제
兄弟

兄 弟 姉 妹
형 형　아우 제　윗누이 자　누이 매

同 氣 而 生
한가지 동　기운 기　말이을 이　낳을 생

♥ 설명 형제와 자매는 한 기운을 받고 태어났다.

🐤 한자 따라 쓰기

兄	弟	姉	妹		同	氣	而	生		

🐤 한글 의미 따라 쓰기

	형	제	와		자	매	는		한		기	운
을		받	고		태	어	났	다	.			

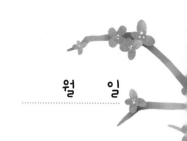

🐦 같은 의미 따라 쓰기

形	體	雖	異	素	受	一	血
오양형	옴체	비록수	다를이	본디소	받을수	한일	피혈

형	체	는		비	록		다	르	나		본
래		한		핏	줄	을		받	았	느	니	라

🐦 캘리그라피 따라 쓰기

형제자매
동기이상

형제자매
동기이상

형제자매
동기이상

형제자매
동기이상

骨 肉 雖 分
뼈 골　고기 육　비록 수　나눌 분

本 生 一 氣
근본 본　날 생　한 일　기운 기

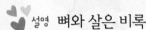 **설명** 뼈와 살은 비록 나누어졌으나 본래 한 기운에서 태어났다.

한자 따라 쓰기

骨	肉	雖	分		本	生	一	氣		

한글 의미 따라 쓰기

뼈	와		살	은		비	록		나	누	어
졌	으	나		본	래		한		기	운 에 서	V
태	어	났	다	.							

같은 의미 따라 쓰기

| | 형 | 제 | 는 | | 자 | 연 | 이 | | 준 | | 친 | 구 |
| 이 | 다 | . | | | | | | | | | | |

설명

'A brother is a friend given by nature.'
프랑스의 속담이에요. 형제는 태어날 때부터 곁에 있는 소중한 친구랍니다.

캘리그라피 따라 쓰기

골육수분
본생일기

골육수분
본생일기

골육수분
본생일기

골육수분
본생일기

형제
兄弟

兄 弟 怡 怡
형형 아우제 기쁠이 기쁠이

行 則 雁 行
다닐행 곧즉 기러기안 다닐행

설명 형제는 서로 화합하여 길을 갈 때는 기러기 떼처럼 나란히 가라.

🐦 한자 따라 쓰기

兄	弟	怡	怡		行	則	雁	行		

🐦 한글 의미 따라 쓰기

	형	제	는		서	로		화	합	하	여
길	을		갈		때	는		기	러	기		떼
처	럼		나	란	히		가	라	.		

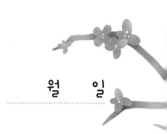
 같은 의미 따라 쓰기

	형	제	들	이		안	에	서	는		서	로	V
다	투	는		일	이		있	지	만	,		외	
부	에	서		침	략	해		오	면		일	치	
단	결	해	서		외	세	를		물	리	친	다	.

설명

중국 춘추 시대의 민요를 중심으로 하여 모은, 중국에서 가장 오래 된 시집인 시경에 나오는
문구입니다. 형제가 단결하면 무엇보다 강하다는 뜻이지요.

캘리그라피 따라 쓰기

형제이이
행즉안행

형제이이
행즉안행

형제이이
행즉안행

형제이이
행즉안행

分 母 求 多
나눌분 말무 구할구 많을다

有 無 相 通
있을유 없을무 서로상 통할통

설명 나눌 때에 많기를 구하지 말며 있고 없는 것을 서로 통하라.

한자 따라 쓰기

分	母	求	多		有	無	相	通		

한글 의미 따라 쓰기

	나	눌		때	에		많	기	를		구	하
지		말	며		있	고		없	는		것	을 V
서	로		통	하	라	.						

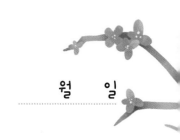

🐦 같은 의미 따라 쓰기

私	其	衣	食	夷	狄	之	徒
사사 사	그 기	옷 의	밥 식	오랑캐 이	오랑캐 적	어조사 지	우리 도

형	제	간	에		그		의	복	과		음
식	을		욕	심	내	며		사	사	로	이	하
면		오	랑	캐	의		무	리	와		같	다

🐦 캘리그라피 따라 쓰기

분무구다
유무상통

분무구다
유무상통

분무구다
유무상통

분무구다
유무상통

兄 無 衣 服
형 형 없을 무 옷 의 옷 복

弟 必 獻 之
아우 제 반드시 필 드릴 헌 어조사 지

설명 형이 의복이 없거든 아우가 반드시 드려라.

한자 따라 쓰기

兄	無	衣	服		弟	必	獻	之	

한글 의미 따라 쓰기

형	이		의	복	이		없	거	든		아
우	가		반	드	시		드	려	라	.	

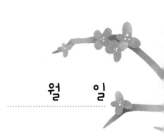

같은 의미 따라 쓰기

弟	無	飲	食		兄	必	與	之
아우 제	없을 무	마실 음	먹을 식		형 형	반드시 필	줄 여	어조사 지

아	우	가		음	식	이		없	거	든	
형	이		반	드	시		주	어	라	.	

캘리그라피 따라 쓰기

형무의복
제필헌지

형무의복
제필헌지

형무의복
제필헌지

형무의복
제필헌지

형제
兄弟

兄 雖 責 我
형 형　비록 수　꾸짖을 책　나 아

莫 敢 抗 怒
없을 막　감히 감　겨룰 항　성낼 노

설명 형이 비록 나를 꾸짖더라도 감히 항거하고 성내지 마라.

한자 따라 쓰기

兄	雖	責	我		莫	敢	抗	怒		

한글 의미 따라 쓰기

	형	이		비	록		나	를		꾸	짖	더
라	도			감	히		항	거	하	고		성	내
지		마	라	.								

🐦 같은 의미 따라 쓰기

弟 雖 有 過　　須 勿 聲 責

아우 제　비록 수　있을 유　허물 과　　모름지기 수　말 물　소리 성　꾸짖을 책

아	우	가		비	록		잘	못	이		있
더	라	도		모	름	지	기		큰	소	리	로 V
꾸	짖	지		마	라	.					

🐦 캘리그라피 따라 쓰기

형수책아
막감항노

형수책아
막감항노

형수책아
막감항노

형수책아
막감항노

兄 弟 有 善
형 형 아우 제 있을 유 착할 선

必 譽 于 外
반드시 필 기릴 예 어조사 우 바깥 외

설명 형제간에 잘한 일이 있으면 반드시 밖에 칭찬하여라.

한자 따라 쓰기

兄	弟	有	善		必	譽	于	外		

한글 의미 따라 쓰기

형	제	간	에		잘	한		일	이		있
으	면		반	드	시		밖	에		칭	찬	하
여	라	.									

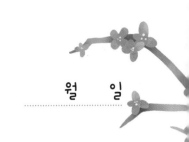

🐦 같은 의미 따라 쓰기

兄	弟	有	失	隱	而	勿	揚
형 형	아우 제	있을 유	잃을 실	숨을 은	말이을 이	말 물	날릴 양

	형	제	간	에		잘	못	이		있	으	면	V
숨	겨		주	고		드	러	내	지		마	라	.

🐦 캘리그라피 따라 쓰기

형제유선
필예우외

형제유선
필예우외

형제유선
필예우외

형제유선
필예우외

我 有 歡 樂
나 아 있을 유 기쁠 환 즐거울 락

兄 弟 亦 樂
형 형 아우 제 또 역 즐거울 락

설명 나에게 기쁨과 즐거움이 있으면 형제들도 즐거워하리라.

🐦 한자 따라 쓰기

我	有	歡	樂		兄	弟	亦	樂		

🐦 한글 의미 따라 쓰기

	나	에	게		기	쁨	과		즐	거	움	이	V
있	으	면		형	제	들	도		즐	거	워	하	
리	라	.											

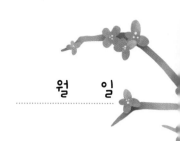

🐦 같은 의미 따라 쓰기

我	有	憂	患		兄	弟	亦	憂
나아	있을유	근심우	근심환		형형	아우제	또역	근심우

나	에	게		근	심	과		걱	정	이
있	으	면		형	제		또	한		근	심	하
느	니	라	.							

🐦 캘리그라피 따라 쓰기

아유환락
형제역락

아유환락
형제역락

아유환락
형제역락

아유환락
형제역락

형제
兄弟

兄 弟 和 睦
형 형　아우 제　화할 화　화목할 목

父 母 喜 之
아버지 부　어머니 모　기쁠 희　어조사 지

설명　형제가 화목하면 부모님께서 기뻐하시느니라.

한자 따라 쓰기

兄	弟	和	睦		父	母	喜	之		

한글 의미 따라 쓰기

	형	제	가		화	목	하	면		부	모	님
께	서		기	뻐	하	시	느	니	라	.		

같은 의미 따라 쓰기

자	식	이		효	도	하	면		부	모	가
즐	거	워	하	고	,		가	정	이		화	목	하
고		모	든		일	이		뜻	대	로		이
루	어	진	다	.							

설명

子孝雙親樂 家和萬事成(자효쌍친락 가화만사성)이라 하여, 〈명심보감〉 '치가' 편에 나오는 구절입니다.

캘리그라피 따라 쓰기

형제화목
부모희지

형제화목
부모희지

형제화목
부모희지

형제화목
부모희지

부록 2. 가로세로 퍼즐로 복습해 볼까요?

1. 形體雖異 素受一血 (○○○○ 소수일혈) : 형체는 비록 다르나 본래 한 핏줄을 받았느니라.

2. 弟無飮食 兄必與之 (○○○○ 형필여지) : 아우가 음식이 없거든 형이 반드시 주어라.

3_가로. 兄弟怡怡 行則雁行 (○○○○ 행즉안행) : 형제는 서로 화합하여 길을 갈 때는 기러기 떼처럼 나란히 가라.

3_세로. 兄雖責我 莫敢抗怒 (○○○○ 막감항노) : 형이 비록 나를 꾸짖더라도 감히 항거하고 성내지 마라.

4. 我有歡樂 兄弟亦樂 (○○○○ 형제역락) : 나에게 기쁨과 즐거움이 있으면 형제들도 즐거워하리라.

5. 飮食雖厭 與之必食 (○○○○ 여지필식) : 음식이 비록 먹기 싫더라도 주시면 반드시 먹어라.

6. 骨肉雖分 本生一氣 (골육수분 ○○○○) : 뼈와 살은 비록 나누어졌으나 본래 한 기운에서 태어났다.

7. 兄弟姉妹 同氣而生 (형제자매 ○○○○) : 형제와 자매는 한 기운을 받고 태어났다.

8. 私其衣食 夷狄之徒 (사기의식 ○○○○) : 형제간에 그 의복과 음식을 욕심내며 사사로이하면 오랑캐의 무리와 같다.

9. 兄無衣服 弟必獻之 (형무의복 ○○○○) : 형이 의복이 없거든 아우가 반드시 드려라.

10. 兄弟有善 必譽于外 (형제유선 ○○○○) : 형제간에 잘한 일이 있으면 반드시 밖에 칭찬하여라.

11. 侍坐父母 勿怒責人 (○○○○ 물노책인) : 부모님을 모시고 앉아 있거든 성내어 다른 사람을 꾸짖지 마라.

12_가로. 兄弟和睦 父母喜之 (형제화목 ○○○○) : 형제가 화목하면 부모님께서 기뻐하시느니라.

12_세로. 勿登高樹 父母憂之 (물등고수 ○○○○) : 높은 나무에 올라가지 마라. 부모님께서 근심하시느니라.

3장

사제
師弟

+

경장
敬長

事 師 如 親
일 사　스승 사　같을 여　어버이 친

必 恭 必 敬
반드시 필 공손할 공 반드시 필 공경할 경

💚설명 스승 섬기기는 어버이와 같이해서 반드시 공손히 하고 반드시 공경하라.

한자 따라 쓰기

事	師	如	親		必	恭	必	敬		

한글 의미 따라 쓰기

스	승		섬	기	기	는		어	버	이	와	V
같	이	해	서		반	드	시		공	손	히	
하	고		반	드	시		공	경	하	라	.	

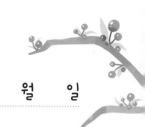

같은 의미 따라 쓰기

임	금	과		스	승	과		부	모	는	
일	체	이	니		정	성	껏		받	들	어	야	V
하	며	,	자	기		생	각	대	로		스	승
을		비	난	하	는		것	과		같	은
행	동	은		좋	지		못	하	다	.	

설명

조선시대 유학자인 율곡 이이의 말씀으로, 이 말에서 임금과 스승, 부모는 한 몸과 같다는 뜻의 군사부일체(君師父一體)가 유래되었어요.

캘리그라피 따라 쓰기

사사여친
필공필경

사사여친
필공필경

사사여친
필공필경

사사여친
필공필경

先 生 施 教
먼저 선　날 생　베풀 시　가르칠 교

弟 子 是 則
아우 제　아들 자　이 시　법칙 칙

설명 선생님께서 가르침을 베풀어 주시거든 제자들은 이것을 본받아라.

 한자 따라 쓰기

先	生	施	教		弟	子	是	則	

 **한글 의미 따라 쓰기**

선	생	님	께	서		가	르	침	을		베
풀	어		주	시	거	든		제	자	들	은
이	것	을		본	받	아	라	.			

 같은 의미 따라 쓰기

	스	승	의		그	림	자	도		밟	지	
않	는	다	.									

🌻 설명

옛 선조들이 스승을 공경하고 예우하던 마음과 태도를 나타내는 속담이에요.
선생님의 그림자도 조심할 정도로 선생님을 높이 공경하였답니다.

🐦 캘리그라피 따라 쓰기

선생시교
제자시칙

선생시교
제자시칙

선생시교
제자시칙

선생시교
제자시칙

夙 興 夜 寐
이를숙 일어날흥 밤야 잘매

勿 懶 讀 書
말물 게으를라 읽을독 글서

 설명 아침 일찍 일어나고 밤 늦게 자서 책 읽기를 게을리 하지 마라.

 한자 따라 쓰기

夙	興	夜	寐		勿	懶	讀	書				

한글 의미 따라 쓰기

아	침		일	찍		일	어	나	고		밤	V
늦	게		자	서		책		읽	기	를		게
을	리		하	지		마	라	.				

같은 의미 따라 쓰기

勤 勉 工 夫　　父 母 悅 之

부지런할 근　힘쓸 면　장인 공　지아비 부　　아버지 부　어머니 오　기쁠 열　어조사 지

| | 공 | 부 | 를 | | 부 | 지 | 런 | 히 | | 힘 | 쓰 | 면 | V |
| 부 | 모 | 님 | 께 | 서 | | 기 | 뻐 | 하 | 시 | 느 | 니 | 라 | . |

캘리그라피 따라 쓰기

숙흥야매
물라독서

숙흥야매
물라독서

숙흥야매
물라독서

숙흥야매
물라독서

사제師弟 + 경장敬長

能 孝 能 悌

능할 능 효도 효 능할 능 공손할 제

莫 非 師 恩

없을 막 아닐 비 스승 사 은혜 은

 설명 부모님께 효도하고 웃어른을 공경할 수 있는 것은
스승의 은혜 아닌 것이 없느니라.

 한자 따라 쓰기

能	孝	能	悌		莫	非	師	恩		

한글 의미 따라 쓰기

부	모	님	께		효	도	하	고		웃	어
른	을		공	경	할		수		있	는		것
은		스	승	의		은	혜		아	닌		것
이		없	느	니	라	.					

| |
| |

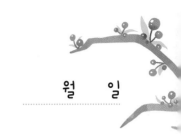

같은 의미 따라 쓰기

能	知	能	行		總	是	師	功
능할능	알지	능할능	행할행		다총	이시	스승사	공공

알		수		있고		행할		수
있	는		것	은		모두		스승의
공	이	니	라.					

캘리그라피 따라 쓰기

능효능제
막비사은

능효능제
막비사은

능효능제
막비사은

능효능제
막비사은

사제師弟
+
경장敬長

長 者 慈 幼
어른 장　사람 자　사랑 자　어린아이 유

幼 者 敬 長
어린아이 유　사람 자　공경할 경　어른 장

 설명 어른은 어린이를 사랑하고 어린이는 어른을 공경하라.

 한자 따라 쓰기

長	者	慈	幼		幼	者	敬	長		

한글 의미 따라 쓰기

어	른	은		어	린	이	를		사	랑	하
고		어	린	이	는		어	른	을		공	경
하	라	.									

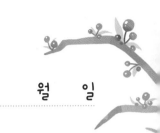

같은 의미 따라 쓰기

| 윗 | 물 | 이 | | 맑 | 아 | 야 | | 아 | 랫 | 물 | 도 | V |
| 맑 | 다 | . | | | | | | | | | | |

🌻 설명

윗사람이 바르고 정직하면 아랫사람도 따라서 바르고 정직하게 된다는 속담이에요.
어른의 올바른 사랑은 어린이가 어른을 공경하는 마음으로 자란답니다.

캘리그라피 따라 쓰기

장자자유
유자경장

장자자유
유자경장

사제師弟
+
경장敬長

年 長 以 倍
해연 어른장 써이 곱배

父 以 事 之
아버지부 써이 일사 갈지

 설명 나이가 많아 곱절이 되거든 아버지로 섬겨라.

 한자 따라 쓰기

年	長	以	倍		父	以	事	之			

🐦 한글 의미 따라 쓰기

나	이	가		많	아		곱	절	이		되
거	든		아	버	지	로		섬	겨	라	.

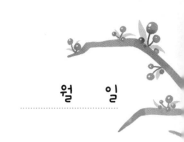

🐦 같은 의미 따라 쓰기

十	年	以	長		兄	以	事	之
열십	해년	써이	어른장		형형	써이	일사	갈지

	열	살	이	더		많	으	면		형
으	로		섬	겨	라	.				

🐦 캘리그라피 따라 쓰기

연장이배
부이사지

연장이배
부이사지

연장이배
부이사지

연장이배
부이사지

사제師弟
+
경장敬長

我 敬 人 親
나 아　공경할 경　사람 인　어버이 친

人 敬 我 親
사람 인　공경할 경　나 아　어버이 친

설명 내가 다른 사람의 어버이를 공경하면 다른 사람이 내 어버이를 공경한다.

한자 따라 쓰기

我	敬	人	親		人	敬	我	親	

한글 의미 따라 쓰기

	내	가		다	른		사	람	의		어	버
이	를		공	경	하	면		다	른		사	람
이		내		어	버	이	를		공	경	한	다

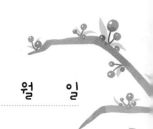

🐦 같은 의미 따라 쓰기

我	敬	人	兄		人	敬	我	兄
나아	공경할경	사람인	형형		사람인	공경할경	나아	형형

	내	가		다	른		사	람	의		형	을	V
공	경	하	면		다	른		사	람	이		내	
형	을		공	경	한	다	.						

🐦 캘리그라피 따라 쓰기

아경인친
인경아친

아경인친
인경아친

아경인친
인경아친

아경인친
인경아친

부록 3. 가로세로 퍼즐로 복습해 볼까요?

1. 身體髮膚 受之父母 (○○○○ 수지부모) : 신체와 머리털과 피부는 부모님으로부터 받은 것이다.

2. 勤勉工夫 父母悅之 (근면공부 ○○○○) : 공부를 부지런히 힘쓰면 부모님께서 기뻐하시느니라.

3. 腹以懷我 乳以哺我 (복이회아 ○○○○) : 배로써 나를 품어 주시고 젖으로써 나를 먹여 주셨다.

4. 十年以長 兄以事之 (십년이장 ○○○○) : 열 살이 더 많으면 형으로 섬겨라.

5. 我有憂患 兄弟亦憂 (○○○○ 형제역우) : 나에게 근심과 걱정이 있으면 형제 또한 근심하느니라.

6. 長者慈幼 幼者敬長 (장자자유 ○○○○) : 어른은 어린이를 사랑하고 어린이는 어른을 공경하라.

7. 年長以倍 父以事之 (○○○○ 부이사지) : 나이가 많아 곱절이 되거든 아버지로 섬겨라.

8. 先生施敎 弟子是則 (○○○○ 제자시칙) : 선생님께서 가르침을 베풀어주시거든 제자들은 이것을 본받아라.

9. 能知能行 總是師功 (능지능행 ○○○○) : 알 수 있고 행할 수 있는 것은 모두 스승의 공이니라.

10. 事師如親 必恭必敬 (사사여친 ○○○○) : 스승 섬기기는 어버이와 같이해서 반드시 공손히 하고 반드시 공경하라.

11. 我敬人親 人敬我親 (아경인친 ○○○○) : 내가 다른 사람의 어버이를 공경하면 다른 사람이 내 어버이를 공경한다.

12. 我敬人兄 人敬我兄 (○○○○ 인경아형) : 내가 다른 사람의 형을 공경하면 다른 사람이 내 형을 공경한다.

붕우
朋友

붕우
朋友

人 之 在 世
사람 인　어조사 지　있을 재　인간 세

不 可 無 友
아니 불　옳을 가　없을 무　벗 우

💜 설명 사람이 세상에 있으면서 친구가 없을 수 없다.

🐦 한자 따라 쓰기

人	之	在	世		不	可	無	友		

🐦 한글 의미 따라 쓰기

사	람	이		세	상	에		있	으	면	서 V
친	구	가		없	을		수		없	다	.

같은 의미 따라 쓰기

	친	구	를		갖	는	다	는		것	은
또		하	나	의		인	생	을		갖	는
것	이	다	.								

설명

17세기의 철학자 발타자르 그라시안의 명언이에요. 친구의 인생 또한 나의 인생이 될 정도로 친구와의 관계가 중요하다는 뜻이랍니다.

캘리그라피 따라 쓰기

인지재세
불가무우

인지재세
불가무우

인지재세
불가무우

인지재세
불가무우

붕우
朋友

友 其 正 人
벗 우　그 기　바를 정　사람 인

我 亦 自 正
나 아　또 역　스스로 자　바를 정

설명　바른 사람을 벗하면 나도 저절로 바르게 된다.

 한자 따라 쓰기

友	其	正	人		我	亦	自	正	

🐦 한글 의미 따라 쓰기

	바른		사람	을		벗	하	면		나
도		저절	로		바	르	게		된	다.

같은 의미 따라 쓰기

從 遊 邪 人 　 我 亦 自 邪
좋을 종 　 놀 유 　 간사할 사 　 사람 인 　 　 나 아 　 또 역 　 스스로 자 　 간사할 사

	간	사	한		사	람	을		따	라	서
놀	면		나	도		저	절	로		간	사	해
진	다	.									

캘리그라피 따라 쓰기

우기정인
아역자정

우기정인
아역자정

우기정인
아역자정

우기정인
아역자정

蓬 生 麻 中
쑥 봉　날 생　삼 마　가운데 중

不 扶 自 直
아니 불　도울 부　스스로 자　곧을 직

 설명 쑥이 삼 가운데서 자라나면 붙들어 주지 않아도 저절로 곧아진다.

 한자 따라 쓰기

蓬	生	麻	中		不	扶	自	直	

한글 의미 따라 쓰기

쑥	이		삼		가	운	데	서		자	라
나	면		붙	들	어		주	지		않	아	도 V
저	절	로		곧	아	진	다	.			

🐦 같은 의미 따라 쓰기

白 沙 在 泥　　不 染 自 汚
흰백　모래사　있을재　진흙니　　아니불　물들염　스스로자　더러울오

	흰		모	래	가		진	흙	에		있	으
면		물	들	이	지		않	아	도		저	절
로		더	러	워	진	다	.					

🐦 캘리그라피 따라 쓰기

봉생마중
불부자직

봉생마중
불부자직

봉생마중
불부자직

봉생마중
불부자직

붕우
朋友

近 墨 者 黑
가까울 근 먹 묵 사람 자 검을 흑

近 朱 者 赤
가까울 근 붉을 주 스스로 자 붉을 적

설명 먹을 가까이하는 사람은 검어지고 주사(朱砂)를 가까이하는 사람은 붉게 된다.

* 주사는 붉은 색을 띠는 광물의 일종이에요.

🐦 한자 따라 쓰기

近	墨	者	黑		近	朱	者	赤	

🐦 한글 의미 따라 쓰기

먹	을		가	까	이	하	는		사	람	은	V
검	어	지	고		주	사	를		가	까	이	하
는		사	람	은		붉	게		된	다	.	

같은 의미 따라 쓰기

	새	도		가	지	를		가	려		앉	는
다	.											

설명

새조차도 나뭇가지에 앉을 때 신중하게 고르고 가려서 앉는다는 속담이에요. 친구를 사귈 때 가려서 사귀어야 한다는 뜻도 있고, 어떤 행동이든 신중하게 행동하라는 뜻이기도 해요.

캘리그라피 따라 쓰기

근묵자흑
근주자적

붕우
朋友

擇 而 交 之
가릴 택 말이을 이 사귈 교 어조사 지

有 所 補 益
있을 유 바 소 도울 보 더할 익

 설명 사람을 가려서 사귀면 도움과 유익함이 있다.

🐦 한자 따라 쓰기

擇	而	交	之		有	所	補	益		

🐦 한글 의미 따라 쓰기

사	람	을		가	려	서		사	귀	면	
도	움	과		유	익	함	이		있	다	.

🐦 같은 의미 따라 쓰기

不 擇 而 交   反 有 害 矣
아니불 가릴택 말이을이 사귈교   돌이킬반 있을유 해할해 어조사의

가	리	지		않	고		사	귀	면	도
리	어		해	가		있	다	.		

🐦 캘리그라피 따라 쓰기

택이교지
유소보익

택이교지
유소보익

택이교지
유소보익

택이교지
유소보익

붕우
朋友

面 讚 我 善
낯 면　기릴 찬　나 아　착할 선

諂 諛 之 人
아첨할 첨　아첨할 유　갈 지　사람 인

 설명 면전에서 나의 착한 점을 칭찬하면 아첨하는 사람이다.

🐦 한자 따라 쓰기

面	讚	我	善		諂	諛	之	人			

🐦 한글 의미 따라 쓰기

	면	전	에	서		나	의		착	한		점
을		칭	찬	하	면		아	첨	하	는		사
람	이	다	.									

🐦 같은 의미 따라 쓰기

面 責 我 過   剛 直 之 人
낮면 꾸짖을책 나아 지날과   굳셀강 곧을직 갈지 사람인

면	전	에	서		나	의		잘	못	을
꾸	짖	으	면		굳	세	고		정	직	한
사	람	이	다	.						

🐦 캘리그라피 따라 쓰기

면찬아선
첨유지인

면찬아선
첨유지인

면찬아선
첨유지인

면찬아선
첨유지인

言 而 不 信
말씀 언　말이을 이　아니 불　믿을 신

非 直 之 友
아닐 비　곧을 직　갈 지　벗 우

 설명 말을 하되 미덥지 못하면 정직한 친구가 아니다.

🐦 한자 따라 쓰기

言	而	不	信		非	直	之	友	

🐦 한글 의미 따라 쓰기

	말	을		하	되		미	덥	지		못	하
면		정	직	한		친	구	가		아	니	다 .

같은 의미 따라 쓰기

	친	구	에	게		속	는		것	보	다
그	를		못	믿	는		것	이		더	
수	치	스	럽	다	.						

설명

'It is more ignominious to mistrust our friends than to be deceived by them.'

친구는 믿음으로 관계 짓는 사이에요. 믿음이 없다면 친구라고 할 수 없어요.

캘리그라피 따라 쓰기

연이불신
비직지우

연이불신
비직지우

연이불신
비직지우

연이불신
비직지우

붕우
朋友

悅　人　讚　者
기쁠열　사람인　기릴찬　사람자

百　事　皆　僞
일백백　일사　다개　거짓위

 설명 남의 칭찬을 좋아하는 자는 온갖 일이 모두 거짓이다.

 한자 따라 쓰기

悅	人	讚	者		百	事	皆	僞			

한글 의미 따라 쓰기

남	의		칭	찬	을		좋	아	하	는
자	는		온	갖		일	이		모	두		거
짓	이	다	.							

 같은 의미 따라 쓰기

厭	人	責	者		其	行	無	進
싫어할 염	사람 인	꾸짖을 책	사람 자		그 기	다닐 행	없을 무	나아갈 진

	남	의		꾸	짖	음	을		싫	어	하	는	V
자	는		그			행	동	에		진	전	이	
없	다	.											

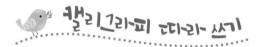 캘리그라피 따라 쓰기

열인찬자
백사개위

붕우
朋友

朋	友	有	過
벗 붕	벗 우	있을 유	지날 과

忠	告	善	導
충성 충	알릴 고	착할 선	이끌 도

💕 설명 친구에게 잘못이 있거든 충고하여 착하게 인도하라.

 한자 따라 쓰기

朋	友	有	過		忠	告	善	導			

 한글 의미 따라 쓰기

친	구	에	게		잘	못	이		있	거	든	V
충	고	하	여		착	하	게		인	도	하	라	.

같은 의미 따라 쓰기

見	善	從	之		知	過	必	改
볼견	착할선	좋을종	갈지		알지	지날과	반드시필	고칠개

	착	한		것	을		보	면		그	것	을	V
따	르	고		잘	못	을		알	면		반	드	
시		고	쳐	라	.								

캘리그라피 따라 쓰기

붕우유과
충고선도

부록 4. 가로세로 퍼즐로 복습해 볼까요?

1. 父母呼我 唯而趨進 (부모호아 ○○○○) : 부모님께서 나를 부르시거든 빨리 대답하고 달려 나가라.

2_가로. 不擇而交 反有害矣 (○○○○ 반유해의) : 가리지 않고 사귀면 도리어 해가 있다.

2_세로. 人之在世 不可無友 (인지재세 ○○○○) : 사람이 세상에 있으면서 친구가 없을 수 없다.

3. 面責我過 剛直之人 (면책아과 ○○○○) : 면전에서 나의 잘못을 꾸짖으면 굳세고 정직한 사람이다.

4. 言而不信 非直之友 (언이불신 ○○○○) : 말을 하되 미덥지 못하면 정직한 친구가 아니다.

5. 友其正人 我亦自正 (○○○○ 아역자정) : 바른 사람을 벗하면 나도 저절로 바르게 된다.

6. 厭人責者 其行無進 (염인책자 ○○○○) : 남의 꾸짖음을 싫어하는 자는 그 행동에 진전이 없다.

7. 父母無衣 勿思我衣 (○○○○ 물사아의) : 부모님이 입으실 옷이 없으시면 내가 입을 옷을 생각지 말아라.

8. 從遊邪人 我亦自邪 (○○○○ 아역자사) : 간사한 사람을 따라서 놀면 나도 저절로 간사해진다.

9. 悅人讚者 百事皆僞 (열인찬자 ○○○○) : 남의 칭찬을 좋아하는 자는 온갖 일이 모두 거짓이다.

10. 爲人子者 曷不爲孝 (○○○○ 갈불위효) : 사람의 자식 된 자가 어찌 효도를 하지 않겠는가.

11. 近墨者黑 近朱者赤 (○○○○ 근주자적) : 먹을 가까이하는 사람은 검어지고 주사(朱砂)를 가까이하는
　　　　　　　　　　　　　　　　　　　사람은 붉게 된다.

5장

수신
修身

元 亨 利 貞
으뜸 원 형통할 형 이로울 이 곧을 정

天 道 之 常
하늘 천 길 도 갈 지 항상 상

♥ 설명 원·형·이·정은 천도의 떳떳함이다.

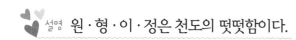 한자 따라 쓰기

元	亨	利	貞		天	道	之	常		

 한글 의미 따라 쓰기

	원	·	형	·	이	·	정	은		천	도	의 V
떳	떳	함	이	다	.							

같은 의미 따라 쓰기

仁 義 禮 智　　人 性 之 綱

어질 **인**　옳을 **의**　예도 **예**　슬기 **지**　　사람 **인**　성품 **성**　갈 **지**　벼리 **강**

인	· 의	· 예	· 지	는	인	성	의	V
벼	리	이	다	.				

캘리그라피 따라 쓰기

원형이정
천도지상

원형이정
천도지상

원형이정
천도지상

원형이정
천도지상

수신
修身

君 爲 臣 綱
임금 군　될 위　신하 신　벼리 강

父 爲 子 綱
아버지 부　될 위　아들 자　벼리 강

 설명 임금은 신하의 벼리가 되고, 아버지는 자식의 벼리가 되며,

 한자 따라 쓰기

君	爲	臣	綱		父	爲	子	綱	

🐦 한글 의미 따라 쓰기

임	금	은		신	하	의		벼	리	가
되	고	,	아	버	지	는		자	식	의	벼
리	가		되	며	,					

🐦 같은 의미 따라 쓰기

夫 爲 婦 綱　　是 謂 三 綱
지아비 부 될 위 지어미 부 벼리 강　　이 시 이를 위 석 삼 벼리 강

남	편	은		아	내	의		벼	리	가	
되	니	,		이	것	을		일	러		삼	강	이
라	고			한	다	.					

🐦 캘리그라피 따라 쓰기

군위신강
부위자강

수신 修身

父 子 有 親
아버지 부 아들 자 있을 유 친할 친

君 臣 有 義
임금 군 신하 신 있을 유 옳을 의

💗 설명 부모와 자식 사이에는 친함이 있고, 임금과 신하 사이에는 의리가 있다.

🐦 한자 따라 쓰기

父	子	有	親		君	臣	有	義		

🐦 한글 의미 따라 쓰기

부	모	와		자	식		사	이	에	는	
친	함	이		있	고	,	임	금	과		신	하	V
사	이	에	는		의	리	가		있	다	.

🐦 같은 의미 따라 쓰기

夫 婦 有 別   長 幼 有 序

지아비 **부** 지어미 **부** 있을 **유** 나눌 **별**   어른 **장** 어린아이 **유** 있을 **유** 차례 **서**

남	편	과		아	내		사	이	에	는
분	별	이		있	으	며	,	어	른	과		아
이		사	이	에	는		차	례	가		있	다	.

🐦 캘리그라피 따라 쓰기

부자유친
군신유의

부자유친
군신유의

부자유친
군신유의

부자유친
군신유의

朋 友 有 信

벗붕 벗우 있을유 믿을신

是 謂 五 倫

이시 이를위 다섯오 인륜륜

💗 설명 벗과 벗 사이에는 신의가 있으니, 이것을 일러 오륜이라고 한다.

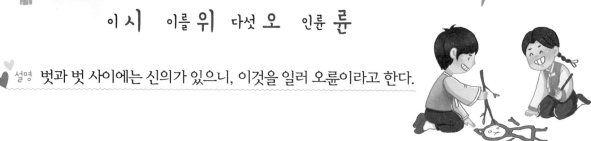

🐦 한자 따라 쓰기

朋	友	有	信		是	謂	五	倫				

🐦 한글 의미 따라 쓰기

	벗	과		벗		사	이	에	는		신	의
가		있	으	니	,	이	것	을		일	러	
오	륜	이	라	고		한	다	.				

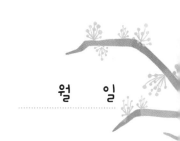
같은 의미 따라 쓰기

人	所	以	貴		以	其	倫	綱
사람인	바소	써이	귀할구		써이	그기	인륜윤	벼리강

	사	람	이		귀	한		이	유	는		오
륜	과		삼	강		때	문	이	다	.		

캘리그라피 따라 쓰기

붕우유신
시우오륜

붕우유신
시우오륜

붕우유신
시우오륜

붕우유신
시우오륜

수신
修身

非 禮 勿 視
아닐 비 예도 례 말 물 볼 시

非 禮 勿 聽
아닐 비 예도 례 말 물 들을 청

설명 예가 아니면 보지 말며, 예가 아니면 듣지 말며,

🐦 한자 따라 쓰기

非	禮	勿	視		非	禮	勿	聽		

🐦 한글 의미 따라 쓰기

예가		아니면		보지		말며,	
예가		아니면		듣지		말며,	

같은 의미 따라 쓰기

非 禮 勿 言   非 禮 勿 動
아닐비 예도례 말물 말씀언   아닐비 예도례 말물 움직일동

	예	가		아	니	면		말	하	지		말
며	,	예	가		아	니	면		움	직	이	지	V
말	아	야		한	다	.						

캘리그라피 따라 쓰기

비례물시
비례물청

비례물시
비례물청

비례물시
비례물청

비례물시
비례물청

行 必 正 直
다닐 행 반드시 필 바를 정 곧을 직

言 則 信 實
말씀 언 곧 즉 믿을 신 열매 실

 설명 행동은 반드시 바르고 곧게 하고 말은 미덥고 진실하게 하라.

 한자 따라 쓰기

行	必	正	直		言	則	信	實		

한글 의미 따라 쓰기

	행	동	은		반	드	시		바	르	고
곧	게		하	고		말	은		미	덥	고
진	실	하	게		하	라	.				

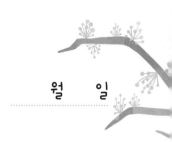

🐦 같은 의미 따라 쓰기

容	貌	端	正		衣	冠	整	齊
얼굴용	모양모	끝단	바를정		옷의	갓관	가지런할 정	가지런할 제

	용	모	는		단	정	하	게		하	고	
의	관	은		바	르	고		가	지	런	하	게 V
하	라	.										

🐦 캘리그라피 따라 쓰기

행필정직
언즉신실

행필정직
언즉신실

행필정직
언즉신실

행필정직
언즉신실

修 身 齊 家

닦을 수 몸 신 가지런할 제 집 가

治 國 之 本

다스릴 치 나라 국 갈 지 근본 본

설명 자기 몸을 닦고 집안을 가지런히 하는 것은 나라를 다스리는 근본이다.

한자 따라 쓰기

修	身	齊	家		治	國	之	本		

한글 의미 따라 쓰기

자	기		몸	을		닦	고		집	안	을	V
가	지	런	히		하	는		것	은		나	라
를		다	스	리	는		근	본	이	다	.	

🐦 같은 의미 따라 쓰기

讀 書 勤 儉　　起 家 之 本
읽을 독　글 서　부지런할 근　검소할 검　　일어날 기　집 가　갈 지　근본 본

책	을		읽	으	며		부	지	런	하	고	V
검	소	하	게		사	는		것	은		집	안
을		일	으	키	는		근	본	이	다	.	

🐦 캘리그라피 따라 쓰기

수신제가
치국지본

수신제가
치국지본

수신제가
치국지본

수신제가
치국지본

人 之 德 行
사람인 갈지 덕덕 다닐행

謙 讓 爲 上
겸손할 겸 사양할 양 될 위 윗 상

 설명 사람의 덕행은 겸손과 사양이 제일이다.

🐦 한자 따라 쓰기

人	之	德	行		謙	讓	爲	上				

🐦 한글 의미 따라 쓰기

	사	람	의		덕	행	은		겸	손	과
사	양	이		제	일	이	다	.			

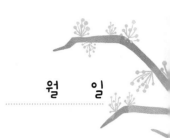

🐦 같은 의미 따라 쓰기

莫	談	他	短	靡	恃	己	長
없을 막	말씀 담	다를 타	짧을 단	쓰러질 미	믿을 시	자기 기	길 장

다	른		사	람	의		단	점	을		말
하	지		말	고		자	기	의		장	점	을 V
믿	지		마	라	.						

🐦 캘리그라피 따라 쓰기

인지덕행
겸양위상

인지덕행
겸양위상

인지덕행
겸양위상

인지덕행
겸양위상

부록 5. 가로세로 퍼즐로 복습해 볼까요?

1. 朋友有信 是謂五倫 (○○○○ 시위오륜) : 벗과 벗 사이에는 신의가 있으니, 이것을 일러 오륜이라고 한다.
2. 父子有親 君臣有義 (부자유친 ○○○○) : 부모와 자식 사이에는 친함이 있고, 임금과 신하 사이에는 의리가 있다.
3_가로. 人所以貴 以其倫綱 (○○○○ 이기윤강) : 사람이 귀한 이유는 오륜과 삼강 때문이다.
3_세로. 仁義禮智 人性之綱 (○○○○ 인성지강) : 인·의·예·지는 인성의 벼리이다.
4. 人之德行 謙讓爲上 (○○○○ 겸양위상) : 사람의 덕행은 겸손과 사양이 제일이다.
5. 行必正直 言則信實 (○○○○ 언즉신실) : 행동은 반드시 바르고 곧게 하고 말은 미덥고 진실하게 하라.
6. 容貌端正 衣冠整齊 (용모단정 ○○○○) : 용모는 단정하게 하고 의관은 바르고 가지런하게 하라.
7. 元亨利貞 天道之常 (○○○○ 천도지상) : 원·형·이·정은 천도의 떳떳함이다.
8. 非禮勿言 非禮勿動 (비례물언 ○○○○) : 예가 아니면 말하지 말며, 예가 아니면 움직이지 말아야 한다.
9. 非禮勿視 非禮勿聽 (○○○○ 비례물청) : 예가 아니면 보지 말며, 예가 아니면 듣지 말아라.
10. 莫談他短 靡恃己長 (막담타단 ○○○○) : 다른 사람의 단점을 말하지 말고 자기의 장점을 믿지 마라.
11. 夫婦有別 長幼有序 (부부유별 ○○○○) : 남편과 아내 사이에는 분별이 있으며, 어른과 아이 사이에는 차례가 있다.
12. 夙興夜寐 勿懶讀書 (숙흥야매 ○○○○) : 아침 일찍 일어나고 밤늦게 자서 책 읽기를 게을리 하지 마라.

그린이 김원주 | 사람들에게 따뜻함을 전하고 싶어서 그림을 그리고 있습니다. 매년 서울 국제 도서전과 서울 일러스트레이션 페어를 비롯하여 여러 행사 및 전시에 꾸준히 참여하며 작품 활동을 하고 있습니다. KBS〈슈퍼맨이 돌아왔다〉와 아리랑TV에 삽화 작업을 맡았고, 개인전과 단체전을 여는 등 다양한 활동을 하였습니다. 현재 산그림 작가로 등록되어 있습니다.

따라 쓰면 알게 되는 시리즈 2권
사자소학 따라 쓰기

2018년 08월 08일 1판 1쇄 펴냄
2020년 10월 15일 1판 2쇄 발행

엮음   편집부
그림   김원주

펴낸이   박인수
펴낸곳   주니어단디
주소   경기 파주시 탄현면 사슴벌레로 45
편집   조지훈
디자인   전지혜
영업   장재혁

등록   제406-2016-000041호(2016.3.21.)
전화   031-941-2480
팩스   031-905-9787
이메일   dandibook@hanmail.net
홈페이지   dandibook.com

ISBN   979-11-89366-01-8
    979-11-89366-00-1 (세트)

KC **모델명** | 따라 쓰면 알게 되는 시리즈 2권 사자소학 따라 쓰기 **제조년월** | 2018. 08. 08. **제조자명** | 주니어단디 **제조국명** | 대한민국
주소 | 경기 파주시 탄현면 사슴벌레로 45 **전화번호** | 031-941-2480 **사용연령** | 7세 이상